FRONTISPICE.

Récompense aux enfans qui ont bien lu.

LE LIVRE
des
PETITS ENFANS,
ABÉCÉDAIRE
Simple et facile.
IVᵉ EDITION

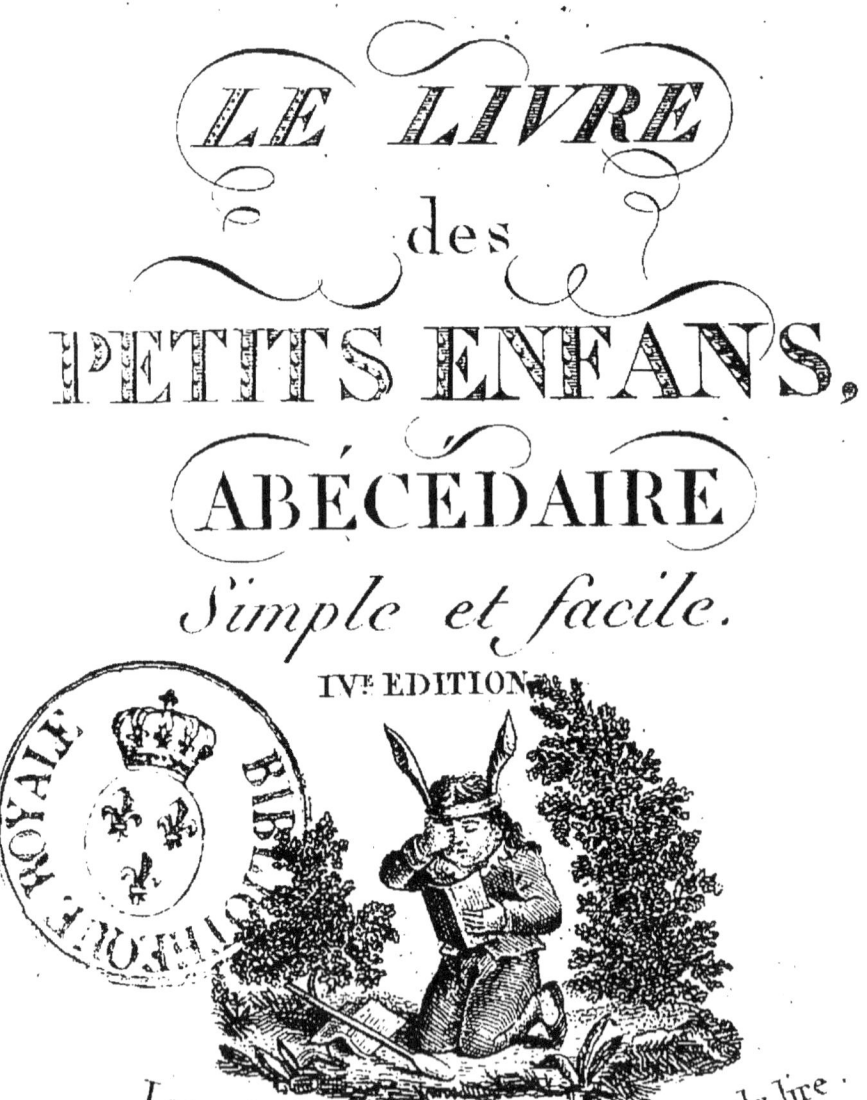

Le petit Mauvais Sujet qui n'a pas voulu lire.

A PARIS
A LA LIBRAIRIE D'ÉDUCATION
de Pᵉ BLANCHARD, Galerie Montesquieu.

LE LIVRE

DES

PETITS ENFANS,

ABÉCÉDAIRE

SIMPLE ET FACILE,

OU LES DIFFICULTÉS DE LA LECTURE SONT GRADUÉES
DE MANIÈRE A LES RENDRE MOINS SENSIBLES;

Orné de figures qui aident à l'enfant à mieux reconnoître les sons que forment les lettres unies par syllabes et par mots;

ET TERMINÉ PAR DES LEÇONS DE LECTURE LATINE.

SIXIÈME ÉDITION.

A PARIS,

A LA LIBRAIRIE DE L'ENFANCE ET DE LA JEUNESSE,

CHEZ PIERRE BLANCHARD,

GALERIE MONTESQUIEU, N° 1, AU 1er.

1826.

PARIS. — IMPRIMERIE DE CASIMIR,
RUE DE LA VIEILLE-MONNOIE, N° 12.

AVERTISSEMENT.

Quoiqu'il y ait déjà un grand nombre d'*Abécédaires*, j'ai cru qu'il étoit possible d'en faire un plus simple et mieux disposé. Rien n'est difficile pour l'enfance comme les élémens de la lecture; et un Livre qui lui épargneroit une partie des peines qu'elle éprouve dans cette première étude ne seroit pas un ouvrage aussi méprisable que quelques personnes seroient tentées de le croire. On a imaginé de petites méthodes amusantes, des jeux, des fiches, des cartes; on ne peut que remercier les auteurs de ces inventions : mais on ne va pas loin avec cela, il faut revenir aux Livres. Tâchons donc de les faire avec tant de simplicité, qu'il ne s'y trouve rien au-dessus de l'âge auquel ils sont destinés. Voici la marche que j'ai suivie dans celui-ci.

Après avoir présenté les lettres majuscules et minuscules, et le tableau des syllabes principales, j'ai disposé des petites leçons pour épeler, de manière que l'on va progressivement des mots les plus simples aux plus difficiles ; chaque leçon n'offre jamais à la fois qu'un seul genre de difficulté, et je me garde bien de laisser échapper d'avance un mot que l'enfant ne doit point connoître encore. Les petites phrases que je donne, toutes puériles qu'elles sont, ne présentent également que des difficultés déja éprouvées. J'ai même apporté, dans cette partie de mon travail, un soin et une attention dont on chercheroit vainement des traces dans les autres Livres de ce genre. J'ai voulu que les gravures concourussent aussi à l'instruction du petit lecteur ; elles forment comme un syllabaire parlant, qu'il faut consulter avant l'autre ; c'est là que se trouve le mot radical de chaque leçon. Il faut y revenir chaque fois que l'enfant se trouve embarrassé. Par exemple, ne se souvient-il plus quel est le son de *Br* ; cherchez la figure *Bras*, et faites-lui épeler le mot gravé dessous. A la vue de cette figure qu'il connoît, il n'hésitera plus.

J'ai donné beaucoup aux commencemens : quelques mots à épeler ne suffisent pas pour mettre l'enfant à même de lire couramment. Ce livret, d'ailleurs, est un véritable *Abé-*

cédaire, et rien de plus : il est ridicule de placer des principes de grammaire et d'arithmétique, où l'on ne va chercher que l'*A B C*. Apprenons d'abord à lire à l'enfant, et ne lui apprenons que cela à la fois : c'est bien assez pour occuper sa petite tête. Quand il lira sans trop hésiter, on pourra lui mettre entre les mains un autre petit Ouvrage parfaitement à sa portée, et propre à lui donner des notions très-simples des choses qu'il doit savoir un jour ; ce Livre est intitulé : Premières Connoissances *à l'usage des enfans qui commencent à lire ;* mais, d'ici là, ne nous montrons pas plus savans que nous ne le sommes.

A	B
C	D
E	F

a	b
c	d
e	f

G	H
IJ	K
L	M

g	h
ij	k
l	m

N	O
P	Q
R	S

n	o
p	q
r	s

T	U
V	X
Y	Z

t	u
v	x
y	z

14

a b c d

e f g h

i j k l

m n o p

q r s t

u v x y z.

Lettres doubles et liées ensemble.

æ	œ	fi	ffi
fi	ffi	fl	ffl
ff	ſb	ﬅ	ſſ
&t;	ft	w.	&

œ	œ	fi	ffi
ſi	ſſi	fl	ffl
ff	ſb	ﬅ	ſſ
&t;	ft	w	&.

PREMIÈRE LEÇON.

Voyelles.

a e i ou y o u

Syllabes.

ba be bi bo bu
ca ce ci co cu
da de di do du
fa fe fi fo fu
ga ge gi go gu
ha he hi ho hu
ja je ji jo ju
ka ke ki ko ku

la   le   li   lo   lu
ma me mi mo mu
na   ne   ni   no   nu
pa   pe   pi   po   pu
qua que qui quo qu
ra   re   ri   ro   ru
sa   se   si   so   su
ta   te   ti   to   tu
va   ve   vi   vo   vu
xa   xe   xi   xo   xu
za   ze   zi   zo   zu

DEUXIÈME LEÇON.

MOTS A ÉPELER.

Syllabes simples et pleines.

Pa pa. Ma ri. A mi. Mi di. Mi mi. Jo li. Po li. Dé jà. Nu mé ro. O pé ra. A ni-ma. Pa ri. Se ra.

Phrases formées de syllabes simples et pleines.

Si Mi mi a ri,

pa pa la pu ni ra.

Co co a dé jà lu, pa pa ri ra.

Pa pa se ra ici à mi di.

Syllabes simples, et terminées par un e muet.

Ro se. Do se. Lu ne. Du ne. U ne. Ru e. Vu e. Vi e. Ra vi e. Jo-li e. Ra ve. Ca ve.

I ma ge. Ri re. Pi-
le. Fa ci le. Vo-
lu me. Pa ru re.

Phrases à épeler.

Ma pe ti te a mi e
Li li ne a é té
sa ge.

U ne jo li e i-
ma ge.

Pa pa i ra à
Ro me.

TROISIÈME LEÇON.

Syllabes simples et terminées par un e muet et un s.

Les da mes. Mes da mes. Les a mes. Les â nes. Les ro ses. Les i- ma ges. Les jo- li es i ma ges. Les pe ti tes i ma ges. Des ro bes. De

jo li es ro bes. De
pe ti tes ro bes.
Mes pe ti tes a-
mi es. Des da-
mes ma la des.
Les ma la di es.

QUATRIÈME LEÇON.

Syllabes composées.

Mon. Ton. Son.
Bon. Vin. Lin.
Fin. Pin. Van.

Tan. Pan. En.
Nos. Vos. Dos.
Tas. Pas. Ras.
Cas. Las. Rat.
Ris. Riz. Pis. Car.
Par. Pé rir. Ra-
vir. Sa lir. Ver.
Mer. Mal. Pal.
Tel. Sel. Bel.
Bec. Sec. A vec.
Un. Pé tun. Ta-

bac. Sac. Pot.
Lot. Or. Co.
Tu es.

Phrases à épeler.

Ma man me don ne ra des bon bons tan tôt, si je lis u ne pa- ge en ti è re.

~~~~~~~~~~~~~~~~~~~~~~

CINQUIÈME LEÇON.
Syllabes plus composées.

Dans. Vent.

Les vents. Dent. Les dents. Serpent. Les serpents. Lent. Lente. Con tent. Con ten te. Vert. Ver te. Rond. Ron de. Monde. Mont. Les monts. Pont. Les ponts. En fant.

Les en fants.
Part. Tard. Lard.
Lé o pard. Parc.
Arc. Tort. Port.
A lors. Porc. Je
dors. Il est. Ils
sont.

Phrases à épeler.

Les en fants sa-
ges sont ré com-
pen sés.

On met en pé-
ni ten ce les en-
fants in do ci les.

~~~~~~~~~~~~~~~~

SIXIÈME LEÇON.

Diphthongues.

Bien. Lien.
Mien. Tien.
Sien. Pied. Fier.
Pier re. Lier.
Ma ri er. Liard.
Lui. Nuit. Puits.

Muet. Juin. Ciel. Fiel. Miel. Je suis.

Phrases à épeler.

Il faut bien é-tu dier, on ne vous gron de ra pas.

~~~~~~~~~~~~~~~~~~~~~~~

SEPTIÈME LEÇON.

Deux voyelles ne faisant qu'un son.

Feu. Peu. Peur.

Ter reur. Bon-
heur. Mal heur.
Au. Mau ve.
Mou. Cou. Sou.
Pour. Tour.
Lourd. Lour de.
J'ai. J'au rai.
J'ai me. J'ai me-
rai. Ja mais.
Dais. Mai. Pain.
Main. Faim.

Muet. Juin. Ciel. Fiel. Miel. Je suis.

Phrases à épeler.

Il faut bien é- tu dier, on ne vous gron de ra pas.

SEPTIÈME LEÇON.

Deux voyelles ne faisant qu'un so[n]

Feu. Peu. Peur

Ter reur. Bon-
heur. Mal heur.
Au. Mau ve.
Mou. Cou. Sou.
Pour. Tour.
Lourd. Lour de.
J'ai. J'au rai.
J'ai me. J'ai me-
rai. Ja mais.
Dais. Mai. Pain.
Main. Faim.

Daim. Vai ne.
Vei ne. Rei ne.
Pei ne.

Plusieurs voyelles formant un seul son.

Dieu. Dieux.
Cieux. Mieux.
Vieux. Lieue.
Eau. Peau. Veau.
Beau. Tau reau.
Suie. Es suie.
Ap puie. Je joue.

Je joue rai. J'a-
voue. J'a voue-
rai.

Voyelles de suite, formant plusieurs sons.

Jou er. A vou er.
Rou er. Rou ir.
Jou ir. Su er.
Su a ve. Rou et.
Fou et.

HUITIÈME LEÇON.

VOYELLES ACCENTUÉES.

Accent aigu (´).

É té. É co le. É co lier. Ré pé té. Ré fé ré. Ai mé. Por té.

L'é té a é té fort a gré a ble cet te an née.

Un hom me ai mé. U ne fem- me ai mée.

Accent grave (`).

Pè re. Mè re. Suc cès. Ac cès. Mi sè re.

Accent circonflexe (ˆ).

Pâ te. Pâ té. Tê te. Mê me. Gî- te. Cô te. Cô té. Dô me. Flû te.

U ne pat te. De la pâte. Un enfant qui tet te. Un hom me qui a mal à la tê te. U ne cot te de femme. U ne cô te d'a ni mal.

Tréma (¨).

Ha ï r. Na ï f. Na ï ve. Ca ï n. Si na ï. Sa ül. A ï eul. Vin d'A ï.

Ha ï r, je hais, il hait. Il l'a toujours ha ï. J'ai me sa naï ve té, son air na ïf.

NEUVIÈME LEÇON.

Oi.

Roi. Loi. Foi. Moi. Toi. Soi. Voir. A voir. Boi re. Poi re. Loire. Soin. Foin. Loin. Coin. Moins. Point. Toit. Toi tu re. Il voit. I boit. A voi ne. Moi ne. Pi voi ne. Poil. Toi le. Voi le. Toi se. Ar-doi se. Pon toi se. Oie. Foie. Joie. A boie. Sa voie.

Mots terminés par un g qui ne se prononce pas.

Sang. Rang. Hareng. Seing. Long.

~~~~~~~~~~~~~~~~~~~~~~~~~~~~~~

DIXIÈME LEÇON.

Bla. Bras.

Blâ mer. Bles ser. Ou bli er. Ob long. Blu ter. Sem bla ble.

Bras. Em bras ser. Ar bre. Ar-bris seau. A breu ver. A bri. Re-brous ser. A bru tir. Bê te bru te. Bru tal.

Cla. Cra.

Clé men ce. Cli ent. Clo pin. Clô tu re. Clou. Ré cla mer. Clandes tin. Clair. Clas se.

Cra be. Crain te. Cra moi si. Cram pe. Cram pon ner. Cré a teur. Crê me. Cri er. Cri me. Crosse. Croû ton. Cru el. Cru au té.

Dra.

Dra gon. Dra gée. Dres ser. A dres ser. Droit. Drô le. Dra per. Dra pier. Drap. Des draps.

ONZIÈME LEÇON.

Fla. Fra.

Flam me. Flam beau. Flamber. Fleur. Fleu rir. Fleu ve. Flotter. Flo ren ce. Flu i de. Flû te. Pan tou fle. Souf fle.

Fra cas. Fra gi le. Frais. Frai se. Fram boi se. Fran ce. Frè re. Fri and. Fri an di se. Fro ma ge. Froid. Froi du re. Front. Fruit. Fru gal. Souf fre. Of fre. Gau fre.

Gla. Gra.

Gla neu se. Gland. Glè be. Glis ser. Glis sa de. Glo be. Gloi-

Pag.36.Pl.4.

Glo-be. Grap-pe. Plu-me.

Sta-tue. Trai-neau.

Chat. Chien. Christ. Livre.

Or-ches-tre. Bac-chus.

re. Glou ton. Glu. Glu ant. Ai-
gle. É pin gle.

Gra bat. Gras. Gra ce. Grand.
Gran dir. Grap pe de rai sin. Gre-
lot. Gre na de. Gre na dier. Grenier. Gri ma ce. Gri ve. Gris.
Gron der. Gros. Gros seur. Gru-
au. Grue. Gru ger. O gre. Po da-
gre. Vi nai gre.

~~~~~~~~~~~~~~~~~~~~~~~~~~~~~~~

DOUZIÈME LEÇON.

Pla. Pra.

Pla ce. Pla cer. Plai ne. Plai re.
Plat. Plan ter. Plein. Pleu rer. Pli.
Pli er. Plomb. Plom ber. Plon ger.
Plon geur. Plu me. Plu mer. Plu-
ma ge. Pluie. Pleu voir. Sou ple.
Cou ple.

Pra li ne. Prai rie. Pré. Pré ci-
pi ce. Pre mi er. Pris. Pri è re. Prin-
ce. Prin ci pal. Prix. Pro bi té.
Pro cès. Pro cu rer. Pru ne. Pru-
neau. Pru dent. A pre.

Spa. Sta.

Spa ci eux. Splen deur. Spon-
ta né.

Sta ble. Sta de. Stan ce. Sta tue.
Sti pu ler. Sto re. Stu pi de. Sty le.
Sty let.

Tra. Tha. Thla.

Tra cas. Tra ce. Tra cer. Train.
Traî ner. Trè fle. Tren te. Tri bu.
Trem bler. Trem blant. Tri bu-
nal. Tric trac. Trois. Troi si è me.

Trom pe*r* Trô ne. Trou ble. Ti-
tre. Ni tre. A pô tre. Pâ tre.

Thé. Thé â tre. A pa thi e.
A thée. A thlè te. A thlé ti que.

~~~~~~~~~~~~~~~~~~~~~~~~~~~~

TREIZIÈME LEÇON.

Cha.

Chat. Chien. Cher. cher. Char me.
Char mer. Cha cun. Chi che. Chif fre.
Chou.

Chre.

Chré tien. Chris ti a nis me. Jé sus-
Christ.

Ch *prononcé comme* k.

Or ches tre. É cho. Cho ris te. Eu-
cha ris tie. Chi ro man cie. Bac chus.
Bac cha nal. Bac chan te.

Vra.

Vrai. Vrai sem bla ble. Vrai ment.

Li vre. Vi vre. I vre. Nous vi vrons.
Li vrer. Je li vre rai.

Du Q.

Qui. Que. Quel que. Le quel. La-
quel le. Quoi que. Quand. Co quin.
Co que. Queue. Croquet.

Gue, gué et guë.

Ba gue. Da gue. Do gue. Fi gue.
Li gue. Fu gue.
Dis tin gué. Dis tin guer. Il dis tin-
gue. Nous dis tin guons. Il dis tin-
gue roit.
Ci guë. Ré pon se am bi guë.

QUATORZIÈME LEÇON.

Son de l'S seul entre deux voyelles.

Di vi si on. A si le. Ré sis tan ce.
Rai son. U sa ge. Il lu si on. Be soin.
Choi sir. O ser. Ha sard. Ma ga sin.

Les deux SS.

Des sus. Des sous. Pas ser. Tous ser.

Son du Z au commencement du mot.

Zè le. Zig zag. Zé non. Zo ï le. Zo ro as tre. Zè bre. Zo di a que. Zô ne.

Son du Z au milieu du mot.

On ze. Dou ze. Trei ze. Qua tor ze. Sei ze. Sei zi è me.

Du Z à la fin du mot.

Le nez. As sez. Vous ai mez. Vous dan sez.

De l'X ayant le son du CS joints ensemble.

Xi xi. Xan ti pe. Xer xès. Per ple xe. A xe. Lu xe. Fi xe. Ex trê me. Styx. Lynx. Pré fix. In dex.

De l'X prononcé comme GZ joints ensemble.

E xer ci ce. Exa men. Xa vier.

De l'X prononcé comme deux SS.

Au xer re. Bru xel les. Six Dix.

X prononcé comme Z.

Deu xi è me. Si xi è mé. Di xi è me.

X prononcé à la fin des mots comme S.

Beaux hom mes. Oi seaux. Heu reux. Feux. Jeux. Per drix. Prix.

~~~~~~~~~~~~~~~~~~~~~~~~~~~~~~~~~~

QUINZIÈME LEÇON.

L'Y.

Moy en. Ci toy en. Roy al. Appuy er. Ay ez. Pays. Pay san. Ab bay e. Y eux. Il y a des gens hon nê tes, fiez-vous-y. Al lez-y.

Le T prononcé comme deux SS.

Pu ni ti on. In ven ti on. An nonci a ti on. É di ti on. Por ti on. Parti ti on.

Le Ç cédille prononcé comme deux SS.

Re çu. Gar çon. Fa ça de. For çat. Fran çois.

Ph prononcé comme F.

Phi lo so phe. Phra se. Phy si que. Jo seph.

L mouillé.

Fil le. Quil le. Co quil le. Mouil‑ ler. Meil leur. Ci trouil le. Pa trouil‑ le. Fau teuil. So leil. O seil le. Re‑ cueil. Cueil lir. Feuil le. Ail. Bail. Pail le. Ba tail le. Re pré sail les. Pail las se. Vieil lard. Vieil les se. U ne vieil le fil le. Il faut que j'ail le à Pa ris.

G mouillé.

Mon ta gne. Es pa gne. Al le ma‑ gne. Com pa gne. Com pa gnie. Com‑ pa gnon. Ro gnon. Pei gne. Rè gne. A rai gnée.

SEIZIÈME LEÇON.

Lettres doubles.

Ro sæ. Mu sæ. Vœu. Nœud. OEuf. Bœuf. Cœur. Chœur. OEil. OEil let.

H *aspiré.*

Le hé ros. Un hom me har di. Un ha reng. Les ha ri cots. La har pe. Le ha sard. La hure.

H *non aspiré.*

L'hom me. Un hom me. Une hé‑ro ï ne. L'hé ro ï ne.

Oi *prononcé comme* ai.

J'ai mois *ou* j'ai mais Les Fran‑çois *ou* les Fran çais. J'a vois. Il a voit. Je jou ois. Il jou oit. Je croy ois. Il croy oit. Il croi roit.

De ent *prononcé comme* an.

Vent. Dent. Ar pent. Se re pent. Il ment. Il sent.

Pag. 43. Pl. 6e.

De ent *prononcé comme* e *muet.*

Ils ai ment. Ils men tent. Ils sen- tent. Ils se re pen tent. Ils dan sent. Ils ai moient *ou* ils ai maient. Ils men- toient. Ils dan soient. Ils ai me roient. Ils dan se roient.

~~~~~~~~~~~~~~~~~~~~~~~~~~~~~~~~

DIX-SEPTIÈME LEÇON.

Quelques mots difficiles.

Corps. Les corps hu mains. Temps *ou* tems. Le prin temps. Les champs. Prompt. Un hom me prompt. Une fem me promp te. Un comp te d'ar- gent. Com te. Mon sieur le com te. Al ma nach. Es to mac. Pa ra phra se. Gé o gra phe. Gé o gra phi e. Gé o- gra phi que. Parfum. Diph thon gue. É pi lep sie. É pi lep ti que.

PETITS CONTES
A LIRE COURAMMENT.

LES ENFANTS BIEN SAGES.

Le petit Paulin et la petite Caroline sa sœur, étoient des enfans charmants. Dès que leur maman leur commandoit quelque chose, ils s'empressoient d'obéir, et jamais ils ne trouvaient trop difficile la leçon qu'on leur donnoit à apprendre. Ils commençoient à lire couramment. Souvent Paulin, qui étoit le plus instruit, prenoit un livre où il y avoit de beaux contes, et il en lisoit un tout entier à sa sœur, qui l'écoutoit avec beaucoup d'attention.

Leur maman dit un jour : Puisque mes enfants sont si sages, il faut que je les récompense.

Elle sortit, et un instant après elle rentra avec un tambour qui était aussi gros qu'un potiron, et une poupée grande comme une demoiselle de sept ans.

Quand Paulin et Caroline virent ce gros tambour et cette grande poupée, ils se mirent à sauter de joie, parce qu'ils pensèrent aussitôt que c'était pour eux.

Approchez, mes petits enfans, leur dit la mère ; je suis très-contente de vous. Depuis huit jours Paulin lit très-bien, et Caroline n'a pas touché une seule fois à mon sucre. Aussi ai-je acheté pour vous ces beaux joujoux que voilà. Tenez, Paulin, je vous donne ce tambour, mais à condition que vous n'en jouerez que dans le jardin, et quand je vous le permettrai ; et vous, Caroline, prenez cette poupée dans vos bras, et ne vous en occupez que lorsque vous aurez rempli vos devoirs. *C'est ainsi qu'on récompense les enfans qui sont bien sages.*

LE PETIT GARÇON
AUX OREILLES D'ANE.

Il y avoit un petit garçon qu'on appeloit *Têtu*, qui ne vouloit jamais lire ;

ni rien faire de ce qu'on lui disait. On le grondoit à chaque instant, parce qu'à chaque instant il le méritoit ; aussi le voyoit-on toujours de mauvaise humeur. Il passoit la moitié de la journée à bouder dans un coin de la chambre.

Son papa, désolé de n'avoir pu lui apprendre à connoître toutes ses lettres, lui dit un jour : Vilain Têtu, puisque tu ne veux pas apprendre à lire, je vais te mettre en pénitence.

Aussitôt il prit le vilain Têtu par la main, le mena sur le seuil de la porte, lui ordonna de se mettre à genoux, et lui mit sur la tête deux grandes oreilles d'âne, qui avoient bien un pied de long.

Restez là, monsieur, lui dit-il, en faisant sa grosse voix, restez là jusqu'à ce que vous sachiez mieux votre leçon. Et il lui donna son livre pour que Têtu apprît sa leçon.

Têtu, au lieu d'étudier, se mit à pleurer ; aussi resta-t-il deux grandes heures à genoux, et avec des oreilles d'âne.

Un petit garçon, qui passoit dans la rue, l'aperçut, et accourut aussitôt pour voir ses deux belles oreilles ; puis il se mit à rire de toutes ses forces. Quand il eut bien ri, il appela tous les autres petits garçons pour qu'ils vinssent rire avec lui. Ils vinrent tous, et s'écrièrent : Oh ! les belles oreilles d'âne.

Le père, qui étoit devant la porte, leur dit : Vous voyez, mes enfans, *c'est ainsi qu'on punit les petits garçons qui ne veulent pas apprendre à lire.*

Comme cette punition-là ne rendit pas Têtu plus sage, il fallut le punir souvent. On s'accoutuma si bien à le voir avec ses grandes oreilles, qu'on ne l'appeloit plus, dans le pays, que *le petit garçon aux oreilles d'âne.*

OH ! LE MÉCHANT !

Fuyez ce petit malheureux que vous voyez là tout seul auprès du mur : hier il a craché au nez de sa bonne ; ce matin il a égratigné sa sœur qui jouoit avec lui, et tout à l'heure il a osé lever la main sur sa mère. C'est un petit monstre que tout le monde doit repousser.

L'AIMABLE ENFANT.

Voyez ce joli petit garçon qui cueille des fleurs au bord du chemin ; si vous avez des dragées dans votre poche, vous pouvez lui en donner, car il mérite qu'on l'aime et qu'on le caresse. Il a très-bien lu sa leçon. Il a récité fort joliment une fable ; quand il entre dans une pièce, il ôte toujours son chapeau ; tous les matins il embrasse son papa et sa maman ; il s'empresse de faire tout ce qui peut leur plaire, et parle très-poliment à tout le monde. Je vous le répète, si vous avez des dragées, donnez-en à cet aimable enfant.

L'ÉCUELLE DU CHAT.

C'est un bien vilain défaut que la gourmandise. Adèle avoit ce défaut-là ; dès qu'elle trouvoit l'occasion de prendre un fruit, un biscuit, ou toute autre chose à manger, elle s'en emparoit aussitôt, et alloit se cacher dans un petit coin pour l'avaler goulument. Sa mère la grondoit en vain tous les jours ; enfin, une fois elle la prit par la main, au moment où l'on alloit se mettre à table, et elle la conduisit à l'écuelle du chat, en lui disant : C'est dans l'écuelle du chat que doivent manger les petites filles gourmandes.

LE BOUQUET.

Dites-moi, mon petit ami, aimez-vous bien les gâteaux? — Oh! oui, monsieur, j'aime bien les gâteaux. — Eh bien, donnez-moi ce beau bouquet que vous tenez là, et vous aurez un gâteau. — Je ne peux pas, monsieur. — Non ! Je vous en offre deux. Vous ne voulez pas encore? Je vous en donne trois, quatre, six. Comment! cela ne suffit pas? Eh! quel prix mettez-vous donc à ce bouquet? — Monsieur, je l'ai fait pour maman, et je ne le donnerois pas pour tous les gâteaux du monde.

— Très-bien, mon enfant ; embrassons-nous ; vous êtes un brave petit garçon. Venez chez le pâtissier ; je veux que vous emportiez une douzaine de petits gâteaux, et que vous gardiez votre bouquet pour votre maman.

LE JEUNE CHIEN DÉSOBÉISSANT.

FABLE.

Un jeune chien d'une belle race, se croyant déjà assez fort, s'échappoit de la maison de son maître dès qu'il en trouvoit l'occasion. Il alloit sur la lisière du bois voisin, et prenoit plaisir à épouvanter les lapins et les lièvres. Sa mère lui disoit : Mon fils, attendez que vous ayez toutes vos forces pour aller dans la forêt ; car, si vous rencontrez le loup, il sautera sur vous, et vous ne pourrez pas vous défendre. Le jeune chien se moquoit de ce que disoit sa mère, et n'en poursuivoit pas moins son train de vie. Enfin il rencontra le loup, qui ce jour-là n'avoit pas pris son déjeûner. Sire loup, joyeux de trouver une pareille aubaine, s'élance, saisit au cou le chien imprudent, l'étrangle, le jette sur son dos, et va le dévorer au fond de la forêt.

Écoutez bien cette fable, enfans désobéissans : c'est pour vous instruire qu'elle est faite. Si vous ne voulez point écouter ceux qui ont plus d'expérience que vous, vous ne ferez que des sottises qui vous rendront malheureux. J'ai connu un petit garçon à qui on défendoit sans cesse de jouer avec des couteaux, et qui recommençoit toujours. Un jour qu'il en tenoit un à sa main, et qu'il couroit dans le jardin, son pied donna contre une pierre, il tomba ; la pointe de son couteau entra dans son œil et le creva ; il sera borgne toute sa vie. J'ai connu aussi une petite fille qui touchoit toujours au feu : sa maman s'étoit éloignée un instant ; la petite prit un tison, et se mit à faire de grands ronds dans l'air. Pendant qu'elle s'amusoit à ce jeu, le feu prit à son vêtement, gagna son corps, et le couvrit de flammes. Elle cria de toutes ses forces : sa maman accourut, on jeta de l'eau sur elle ; mais

il n'étoit plus temps : le feu avoit fait de
si grands progrès, qu'elle fut brûlée par-
tout, et mourut dans la journée même.
Voyez maintenant si vous voulez jouer
avec des couteaux et des tisons.

L'ORGUEILLEUX.

Regardez, messieurs, regardez ce petit homme qui passe là-bas, et avec qui
les autres enfans ne veulent pas jouer ;
c'est un orgueilleux. Comme son père est
riche, et qu'on lui donne de beaux habits,
il s'imagine qu'il a le droit de mépriser ses
camarades. Cependant ce n'est qu'un petit sot, qui ne sait ni lire ni écrire ; il est
maussade, ennuyeux, et bête comme les
oies de la basse-cour ; laissez-le se pava-
ner avec son orgueil et sa belle culotte ; il
ne mérite pas qu'on s'occupe de lui. Mé-
prisez-le, et ne l'admettez jamais dans
vos jeux : qu'il s'amuse tout seul, si cela
lui est possible.

LE PAON ET LE ROSSIGNOL.

FABLE.

Le Paon au riche plumage parut un jour au milieu d'une troupe d'oiseaux. A son aspect on resta interdit de surprise et d'admiration. Le paon, remarquant l'effet qu'il produisoit, se rengorgea, étala sa belle queue, et fit briller l'or et les rubis que la nature y a prodigués. Quand il se fut bien montré avec tous les avantages de sa parure, il leva fièrement la tête, et promena un regard hautain sur tout ce qui l'entouroit. On attendoit qu'il chantât, et chacun étoit persuadé qu'un oiseau aussi magnifiquement vêtu devoit être le plus beau chanteur du bocage ; il ouvrit en effet son bec, et il en sortit un cri si désagréable, que dès ce moment on oublia son riche plumage, pour ne parler que de sa vilaine voix. On finit par le mépriser comme un des plus sots oiseaux : on le mettoit à peine au-dessus du dindon.

Tandis qu'on s'occupoit de lui, on entendit un chant mélodieux qui captiva aussitôt l'attention générale. Jamais un gosier aussi admirable n'avoit réjoui les hôtes des bois. On chercha quel étoit l'aimable chanteur qui survenoit ; on chercha long-temps, car il se tenoit modestement à l'écart ; on le trouva enfin au milieu d'un buisson touffu : c'étoit un petit oiseau gris, d'une fort mince apparence. On n'en fut que plus étonné ; on s'empressa de demander son nom, et l'on apprit que c'étoit le rossignol.

L'orgueil ne fait que mieux ressortir la sottise ; et le talent qui s'annonce avec modestie n'en paroît qu'avec plus d'éclat.

L'ENFANT PERDU.

La petite Mimi n'avoit guère que quatre ans et demi. C'étoit une fort jolie enfant, gaie, aimable, et qui disoit bonjour à tout le monde sans qu'on l'en avertît. Son plus grand défaut étoit de s'arrêter de tous côtés, quand elle sortoit avec sa maman ou sa bonne. Il falloit sans cesse lui répéter : Allons, venez donc, mademoiselle Mimi.

Un soir qu'elle étoit allée promener avec sa bonne, il lui arriva de rester, comme à son ordinaire, un peu en arrière, pour regarder un beau polichinelle qui étoit accroché à la porte d'un marchand de joujoux. En ce moment survint une foule occasionée par quelque événement : la petite fille, ne voyant plus sa bonne, se mit à courir de toutes ses forces pour la rattraper; mais, comme elle se trouvoit dans un carrefour, elle prit une rue différente de celle que sa bonne avoit prise, et se mit à marcher tant qu'elle put; et remarquez bien qu'elle ne pleuroit pas, car elle savoit qu'elle avoit eu tort de s'être arrêtée.

La bonne, qui avoit eu aussi grand tort de la quitter un seul instant, ne la voyant plus à ses côtés, retourna aussitôt sur ses pas, s'imaginant que la petite fille s'étoit en allée à la maison. Qu'en résulta-t-il? c'est que Mimi se trouva toute seule dans les rues de Paris, où il y a tant de monde, tant de monde, qu'on a bien de la peine à reconnoître son chemin. Quand la petite fille s'aperçut qu'elle étoit égarée, elle se mit à pleurer, mais tout doucement, parce qu'elle avoit peur de tous ceux qui passoient à côté d'elle.

Une vieille femme toute déguenillée, qui la vit toute seule, l'arrêta et lui demanda pourquoi elle pleuroit. Hélas ! madame, répondit l'imprudente Mimi, c'est que j'ai perdu ma bonne ! Oh ! ce n'est rien que ça, reprit la vieille, essuyez vos yeux, mon enfant, et je vais vous mener auprès de votre bonne qui vous attend là-bas. Mimi ne se soucioit pas trop d'aller avec la vieille femme ; mais celle-ci la prit par la main, et il fallut bien marcher.

Elles allèrent comme cela bien long-temps, bien long-temps ; il faisoit même déjà nuit, et la vieille alloit toujours. Mimi disoit de temps en temps : Madame, est-ce que nous n'allons pas bientôt trouver ma bonne ? Dans un instant, ma petite, répondit la vieille. Enfin il faisoit nuit noire ; la vieille entra dans une petite allée très-obscure, puis elle dit à Mimi : Ecoutez, mon petit cœur, on pourroit bien vous voler vos boucles d'oreilles d'or et votre beau collier d'ambre, je vais les serrer ; et elle lui ôta ses boucles d'oreilles d'or et son beau collier d'ambre, et les mit dans sa poche. Mimi vouloit pleurer. Taisez-vous, dit la vieille tout en colère, ou je vous donne le fouet. Mimi garda le silence. La vieille lui ôta encore sa belle robe brodée, sa chemise fine ; puis elle lui mit en place une grosse vilaine robe grise, la prit encore par la main, lui fit faire quelques pas dans la rue, la plaça auprès d'une borne, et lui dit : Restez là un moment, je vais revenir ; et surtout ne pleurez pas. Elle s'éloigna aussitôt, et ne revint plus ; car c'étoit une voleuse, qui, ayant vu la petite fille toute seule, avoit jugé qu'il lui seroit bien facile de la dépouiller.

Il y avoit déjà une heure que Mimi étoit auprès de la borne, quand elle vit s'approcher un chiffonnier bien sale, qui avoit un crochet de fer avec quoi il retournoit les ordures, et une hotte où il jetoit les chiffons qu'il trouvoit. Eh! que fais-tu là, petite? dit-il à Mimi. Hélas! monsieur, répondit-elle, je suis perdue et ne sais pas mon chemin! Le chiffonnier lui demanda comment s'appeloit son papa, et la petite sotte répondoit qu'il s'appeloit papa; il lui demanda aussi le nom de la rue où elle demeuroit, et elle ne put jamais répondre. Eh bien! reprit le chiffonnier, viens avec moi : car tu mourrois de froid cette nuit auprès de la borne. Nous verrons demain.

Il fallut aller avec le vilain chiffonnier. Il la conduisit dans un grenier, et lui montra de la paille qui n'étoit pas fraîche: Allons, couche-toi là-dessus, et dors. Mimi pleura; mais la fatigue lui ferma les yeux, et elle s'endormit. Le lendemain, le chiffonnier lui donna un morceau de pain noir tout sec, et lui dit : Mange. Quand elle eut déjeûné, il dit : Qu'est-ce que je ferai de toi? tu ne sais pas où tu demeures, où te mènerai-je?-Faudra-t-il que je te garde? je n'ai pas trop de pain pour moi tout seul.

Comme il faisoit ces réflexions tout

haut, son voisin le mendiant entra. Il lui raconta son aventure. Le mendiant regarda Mimi. Eh! mais, s'écria-t-il, elle est jolie! donnez-la-moi, nous demanderons l'aumône ensemble; je dirai que c'est ma fille, et cela excitera la charité des passans.

Quand elle entendit cela, Mimi se prit à crier de toutes ses forces, et dit qu'elle ne vouloit pas demander l'aumône, parce que son papa étoit riche; mais le chiffonnier, que ses cris ennuyoient, leva son crochet de fer, et jura qu'il alloit lui en donner sur les oreilles, si elle ne se taisoit pas. Cette menace lui fit si peur, qu'elle se tut tout de suite. Le mendiant l'emmena; et, quand il fut à la place où il avoit coutume de s'asseoir tous les jours dans la poussière, il lui ordonna de s'asseoir aussi, et de demander comme lui l'aumône aux passans.

Il y avoit déjà trois jours qu'elle demandoit comme cela l'aumône aux passans, quand un des amis de son papa, qui donnoit quelque chose au vieux mendiant, vint à la regarder et la reconnut.

Il lui demanda comment elle s'appeloit ; et, quand elle eut répondu *Mimi*, il fut bien étonné de la voir avec un mendiant. La petite fille lui raconta, comme elle put, ce qui lui étoit arrivé. Le monsieur lui dit qu'elle avoit bien mal fait de quitter sa bonne; il ajouta qu'on l'avoit cherchée de tous côtés, et que l'on commençoit à désespérer de la retrouver. Enfin, il la ramena chez ses parens, où l'on se réjouit beaucoup de la revoir, et où on lui donna de nouvelles robes. Sa mère, après l'avoir embrassée, lui dit : Vous voyez, ma fille, ce que c'est que de ne pas obéir ; si vous eussiez suivi votre bonne, comme on vous l'a recommandé cent fois, vous ne vous fussiez point perdue.

LEÇONS

DE LECTURE LATINE.

UN MOT SUR LA LANGUE LATINE.

La langue latine étoit parlée par un grand peuple, que l'on appeloit les Romains. *Ce peuple n'existe plus, et la langue latine n'est plus parlée nulle part; mais la connoissance en a été transmise jusqu'à nous : on l'étudie avec soin, afin de jouir de la lecture des beaux ouvrages qui ont été écrits dans cette langue, et parce que c'est celle dont l'Église se sert pour chanter les louanges de Dieu. La langue françoise vient du latin. Vous remarquerez que dans le latin on prononce toutes les lettres, et que l'on fait sentir celles qui terminent les mots.*

PREMIÈRE LEÇON.

Rosa. Rosæ. Rosam. Rosarum. Rosis. Rosas. Dominus. Domini. Domino. Dominum. Dominorum. Dominis. Dominos. Pater. Patris. Patrem. Patre. Patres. Patribus. Dies. Diei. Diem. Diebus. Prudens. Prudentis. Prudentem. Prudentissimus. Prudentissima. Prudentissimum. Felix. Grex. Rex. Audax. Atrox. Lux. Luxo. Luxurio. Feliciter. Graviter. Propter. Gula. Gulæ. Gustus. Guttur. Habena. Homo. Hominis. Homine. Hominibus. Semen. Lumen. Semel.

DEUXIÈME LEÇON.

Amare. Amo. Amas. Amat. Amamus. Amatis. Amant. Amans. Amandum. Amabam. Amavi. Amaverunt. Amem. Amor. Amatus. Amatur. Amantur. Habeo. Habes. Habet. Habui. Habere. Habens. Habentis. Sum. Es. Est. Sunt. Eram. Fui.

Fuit. Ero. Inertia. Insidiæ. Fraus. Fraudis. Mons. Æger. Ipse. Ipsum.

TROISIÈME LEÇON.

Ferculum. Gubernaculum. Magnus. Magna. Magnum. Magnificat. Gymnasium. Senectute. Pulcher. Pulchra. Pulchrum. Lycæus. Philosophus. Philtra. Pulchritudine. Phœnix. Phrygia. Psallo. Psaltrius. Qui. Quæ. Quod. Cujus. Cui. Quem. Quam. Quos. Quies. Queror. Quilibet. Hic. Hæc. Hoc. Hujus. Huic. Cum. Illud. Jam. Denique. Percussio. Percutio. Peregrinus. Piger. Pigra. Pigrum. Trahere. Trahit. Tranquillus.

QUATRIÈME LEÇON.

Oraison Dominicale.

Pater noster, qui es in cœlis, sanctificetur nomen tuum ; adveniat regnum tuum ; fiat voluntas tua, sicut in cœlo et in terrâ ; panem nostrum quotidianum da nobis hodiè, et dimitte nobis debita nostra, sicut et nos dimittimus debitoribus nostris; et ne nos inducas in tentationem, sed libera nos à malo. Amen.

Salutation Angélique.

Ave, Maria, gratiâ plena, Dominus tecum : benedicta tu in mulieribus, et benedictus fructus ventris tui Jesus.

Sancta Maria, mater Dei, ora pro nobis peccatoribus, nunc, et in horâ mortis nostræ. Amen.

Profession de Foi.

Credo in Deum patrem omnipotentem, creatorem cœli et terræ, et in Jesum-Christum filium ejus unicum, Dominum nostrum; qui conceptus est de Spiritu Sancto, natus ex Mariâ virgine : passus sub Pontio Pilato, crucifixus, mortuus et sepultus est; descendit ad inferos, tertiâ die resurrexit à mortuis : ascendit ad cœlos, sedet ad dexteram Dei patris omnipotentis : inde venturus est judicare vivos et mortuos. Credo in

Spiritum Sanctum, sanctum ecclesiam catholicam, sanctorum communionem, remissionem peccatorum, carnis resurrectionem, vitam æternam. Amen.

CINQUIÈME LEÇON.

Urbem Romam à principio reges habuêre. Libertatem et consulatum Lucius Brutus instituit. Dictaturæ ad tempus sumebantur : neque decemviralis potestas ultrà biennium, neque tribunorum militum consulare jus diù valuit. Non Cinnæ non Sullæ longa dominatio : et Pompei Crassique potentia, cito in Cæsarem ; Lepidi, atque Antonii arma, in Augustum cessêre, qui cuncta discordiis civilibus fessa, nomine principis sub imperium accepit. Sed veteris populi romani prospera vel adversa, claris scriptoribus memorata sunt ; temporibusque Augusti dicendis non defuêre decora ingenia, donec gliscente adulatione deterrerentur. Tiberii, Caiique et Claudii ac Neronis res, florentibus ipsis, ob metum falsæ ; postquàm occiderant, recentibus odiis compositæ sunt. Indè consilium mihi, pauca de Augusto, et extrema tradere : mox Tiberii principatum et cætera : sine irâ et studio, quorum causas procul habeo.

SIXIÈME LEÇON.

Postquam Bruto et Cassio cæsis, nulla jam publica arma, Pompeius apud Siciliam oppressus, exutoque Lepido ; interfecto Antonio, ne Julianis quidem partibus, nisi Cæsar dux reliquus : posito triumviri nomine, consulem se ferens, et ad tuendam plebem tribunitio jure contentum, ubi militem donis, populum annonâ, cunctos dulcedine otii pellexit ; insurgere paulatìm, munia senatus, magistratum legum in se trahere, nullo adversante ; cùm ferocissimi per acies, aut proscriptione cecidissent : cæteri nobilium quantò qui servitio promptior, opibus et honoribus extollerentur ; ac novis ex rebus aucti, tuta et præsentia quàm vetera et periculosa mallent. Neque provinciæ illum rerum statum abnuebant, suspecto senatûs populique imperio ob certamina potentium et avaritiam magistratuum : invalido legum auxilio, quæ vi, ambitu, postremò pecuniâ turbabantur.

Chiffres Arabes et Romains.

un	1	I
deux	2	II
trois	3	III
quatre	4	IV
cinq	5	V
six	6	VI
sept	7	VII
huit	8	VIII
neuf	9	IX
dix	10	X
onze	11	XI
douze	12	XII
treize	13	XIII
quatorze	14	XIIII *ou* XIV
quinze	15	XV
seize	16	XVI
dix-sept	17	XVII
dix-huit	18	XVIII
dix-neuf	19	XIX
vingt	20	XX
trente	30	XXX
quarante	40	XXXX *ou* XL
cinquante	50	L
soixante	60	LX
soixante-dix	70	LXX

Chiffres Arabes et Romains.

quatre-vingts	80	LXXX
quatre-vingt-dix	90	XC
cent	100	C
deux cents	200	CC
trois cents	300	CCC
quatre cents	400	CCCC
cinq cents	500	D
six cents	600	DC
sept cents	700	DCC
huit cents	800	DCCC
neuf cents	900	DCCCC
mille	1000	M

FIN.

www.ingramcontent.com/pod-product-compliance
Lightning Source LLC
LaVergne TN
LVHW052111090426
835512LV00035B/1498

Le Livre des petits enfans, abécédaire simple et facile , ou les difficultés de la lecture sont graduées de manière a les rendre moins sensibles ; orné de figures qui aident à l'enfant à mieux reconnoître les sons que forment les lettres unies par syllabes et par mots ; et terminé par des leçons de lecture latine. Sixième édition

Ce livre est la reproduction fidèle d'une œuvre publiée avant 1920 et fait partie d'une collection de livres réimprimés à la demande éditée par Hachette Livre, dans le cadre d'un partenariat avec la Bibliothèque nationale de France, offrant l'opportunité d'accéder à des ouvrages anciens et souvent rares issus des fonds patrimoniaux de la BnF.

Les œuvres faisant partie de cette collection ont été numérisées par la BnF et sont présentes sur Gallica, sa bibliothèque numérique.

En entreprenant de redonner vie à ces ouvrages au travers d'une collection de livres réimprimés à la demande, nous leur donnons la possibilité de rencontrer un public élargi et participons à la transmission de connaissances et de savoirs parfois difficilement accessibles.

Nous avons cherché à concilier la reproduction fidèle d'un livre ancien à partir de sa version numérisée avec le souci d'un confort de lecture optimal.

Nous espérons que les ouvrages de cette nouvelle collection vous apporteront entière satisfaction.

Pour plus d'informations, rendez-vous sur www.hachettebnf.fr